Erika Bock

Herbst & Halloween

Motive aus Papier

CREATIV COMPACT

CHRISTOPHOR

Inhalt

Der Herbst ist da

Allmählich werden die Abende kühler und die Kraft der Sonne lässt nach, es wird Herbst. Der Herbst bringt uns viele Früchte und bunte Blätter in schönen, warmen Farben. Er bringt aber auch Regentage und Nebel. Jetzt macht es Spaß, herbstlich bunten Schmuck zu basteln und die Wohnung damit zu schmücken. So bekommt manch grauer Herbsttag gleich ein bisschen Farbe.

Ende Oktober wirds dann gruselig: Halloween, ursprünglich ein in Amerika und Irland gefeiertes Fest, erfreut sich auch bei uns wachsender Beliebtheit. Außer Gespenstern ist vor allem der Kürbis das Halloween-Symbol.

In diesem Buch finden Sie viele Vorschläge für stimmungsvolle Dekorationen zur Herbst- und Halloweenzeit. Die meisten Motive sind so einfach herzustellen, dass auch Kinder schon mithelfen oder sie mit ein wenig Anleitung weitgehend allein basteln können.

Einen schönen Herbst und viel Freude beim Basteln
wünscht Ihnen

Erika Bock

Hinweise & Tipps

Bastelpapiere

Fotokarton (300g/qm), Tonpapier (130g/qm), Motiv-Bastelkarton (200 bis 300g/qm), Bastelkartons mit Prägedekor (220 g/qm), Regenbogen-Tonpapier, Regenbogen-Karton, Bastel-Wellpappe, Krepppapier, Moonrock-Papier, Transparentpapier, Regenbogen-Transparentpapier, z. B. der Firmen Heyda und Ludwig Bähr (Ursus).

Vorlagen übertragen

Auf dem Vorlagebogen sind alle Motivteile aus Papier in Originalgröße abgebildet. Zum Übertragen der Linien Kohlepapier zwischen Vorlage und Werkmaterial legen und das Motiv mit einem Bleistift direkt durchpausen.

Schablonen herstellen

Transparentpapier (Architektenpapier) oder dünnes Offsetpapier auf den Vorlagebogen legen und das Motiv nachzeichnen. Das Papier mit Klebestift flächig auf dünnen Karton kleben und ausschneiden. Die entstandene Schablone auf das Werkmaterial legen und die Umrisse mit Bleistift nachzeichnen.

Ausschneiden

Wie häufig ein Motivelement ausgeschnitten wird, hängt davon ab, ob Sie das Motiv auf Vorder- und Rückseite ausarbeiten möchten. Auf der Abbildung können Sie sehen, wie oft ein Element benötigt wird. Bei beidseitiger Ausarbeitung verdoppelt sich die Anzahl. Damit zweifach benötigte Teile deckungsgleich werden, den Fotokarton oder das Tonpapier erst in der Mitte falten, dann das Motiv aufzeichnen und ausschneiden.

Zusammenkleben

Nur wenig Klebstoff verwenden, um Flecken zu vermeiden. Überschüssiger Klebstoff lässt sich mit einem weichen Radiergummi entfernen, solange er feucht ist.

Hilfsmittel und Werkzeuge

Kohlepapier, Transparentpapier, Karton für Schablonen, Papierschere, Silhouettenschere, Bastelschere, Zackenschere, Lineal, Falzbein, Klebstoff.
Bleistift, Wachsmalstift in Rot, Gelstift in Weiß, Filzstift in Schwarz.

Igel

Abbildung & Materialangaben Seite 6/7

Alle Teile nach der Vorlage ausschneiden. Die eingezeichneten Faltlinien falzen und falten.

Das Stachelkleid des ***stehenden Igels*** aufkleben. Beide Motivseiten am Kopf aneinander kleben. Das Gesicht ausgestalten. Den Lutscher zwischen die Pfoten kleben.

Den Körper des ***Servietten-Igels*** mit der Zackenschere nachschneiden. Den Kopf jeweils an der Innenseite anbringen und das Gesicht ausarbeiten. Beide Körperteile am oberen Rand aneinander kleben.

Die Innenausschnitte des ***Tischlichts*** mit dem Cutter ausführen. Die Zacken nach innen knicken und die Spitzen etwas abschneiden. Das Teelicht einpassen.

Das Blatt des ***Trinkhalmsteckers*** mit Klebefilm am Trinkhalm befestigen.

Für die Seitenmotive der ***Tischlaterne*** die Window-Color-Folie auf die Vorlage legen und alle Linien mit Konturenfarbe nachzeichnen. Nach dem Trocknen die Flächen mit Window-Color ausmalen. Die Farben mit einem Zahnstocher bis an die Konturlinien verteilen. Trocknen lassen.
Die Innenausschnitte der Laterne mit den Folien hinterkleben und die Laterne zusammenstecken.

Material

Laterne

- Laternenset in Grün, 13,5 cm breit, ca. 18 cm hoch, mit Zuschnitten aus Window-Color-Folie
- Window-Color in Gelb, Rot, Grün, Blau, Braun
- Konturenfarbe in Schwarz
- Zahnstocher

Vorlage A

Igel

Material

- Fotokarton in Hellbraun
- Bastelkarton mit Prägedekor in Gelb
- Regenbogen-Tonpapier
- Wackelaugen, 8 mm Ø
- Klebepunkte in Schwarz, 8 mm Ø
- Lutscher
- Teelicht
- Trinkhalm
- Klebefilm

Vorlage A

Anleitung Seite 5

Max
Laura

Eichhörnchen

Material

- Chenilledraht in verschiedenen Brauntönen
- Wackelaugen, 8 mm Ø
- Styroporkugeln, 40 mm Ø
- Acrylglaskugeln, 60 mm Ø
- Filz in Gelb, Rot, Grün
- Plakatfarbe in Weiß, Hellbraun, Mittelbraun, Schwarz
- Rest Schaumstoffschwamm
- Zahnstocher
- Pinsel

1 Die Styroporkugeln auf Zahnstocher stecken, braun färben, trocknen lassen. Mit dem Schwamm weiße Farbe auftupfen. Nase und Mund aufmalen. Wangen mit rotem Wachsmalstift andeuten. Augen ankleben.

2 Für jedes Ohr einen 5 cm langen Chenilledraht in der Mitte knicken. Löcher in die Styroporkugeln bohren und die Ohren einkleben. Chenilledrahtreste an den Ohrspitzen fixieren. Stirnhaare ankleben.

3 Für jede Figur einen Ring aus Chenilledraht von 5 cm Durchmesser formen. In der zweiten Runde den Draht locker um den Ring schlingen. Einen weiteren Chenilledraht an den ersten knüpfen, in der Mitte knicken und die Drähte miteinander verdrehen. Den Schwanz spiralförmig aufrollen.

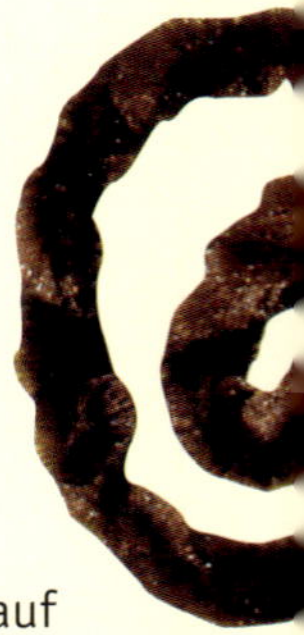

4 Die Acrylglaskugeln füllen. Jeweils den Kopf auf die Aufhängelaschen stecken und festkleben. Schmale Filzstreifen als Schals umbinden.

Windlichter

Abbildung & Materialangaben Seite 10/11

1 Etwas Tapetenkleister anrühren. Transparentpapier in Schnipsel reißen und auf das Glas kleben.

2 Äpfel, Birnen und Kürbisse frei mit Pluster-Pen aufmalen. Mindestens 6 Stunden trocknen lassen und mit dem Föhn aufplustern. Glas mit Bast dekorieren.

Windlichter

Material

- Schraubgläser
- Transparentpapier
- Pluster-Pen in Gelb, Orange, Rot, Grün, Braun
- Color-Bast
- Tapetenkleister

Anleitung Seite 8

Damit der Glasboden nicht zu heiß wird, Dekosand einfüllen.

Mäuse

Material

- Fotokarton in Gelb, Rot, Hellgrün, Mittelgrün, Braun, Grau
- Bastelkarton mit Prägedekor in Gelb, Rot, Blau
- Nähgarn
- Nähnadel

Vorlage B

1 Alle Teile nach den Vorlagen übertragen und ausschneiden.

2 Die Gesichter der Mäuse aufmalen und jeweils den Kopf zwischen beide Regenschirmteile kleben. Die Mäuse der Abbildung entsprechend zusammenkleben und ausgestalten.

3 Die Mäuse auf die Blätter kleben. Äpfel und Birnen mit Fäden verbinden und an den Blättern anbringen.

Kartoffelkönige

Abbildung & Materialangaben Seite 14/15

1 Aus der Papprolle verschieden breite Abschnitte schneiden und mit Wellpappe ummanteln. An den Rändern eventuell mit Karoband bekleben. Löcher für die Zweige vorstechen und kleine Zweige als Arme hineinstecken.

2 Für die Kronen etwa 3 bis 4 cm breite Streifen aus Stretch-Wellpappe gezackt einschneiden. Die Krone jeweils dem Umfang der ausgewählten Kartoffel anpassen.

3 Mit Pluster-Pen Gesichter auf die Kartoffeln malen. Kleine Kränze aus Heu mit Draht abbinden, auf die Kartoffeln legen und die Kronen aufkleben. Die Köpfe auf die Körper setzen.

Kartoffelkönige

Material

- Wellpappe in Grün, Rot, Blau
- Stretch-Wellpappe in Gelb, Rot, Blau
- Papprolle
- Heu
- Kartoffeln
- Kleine Zweige
- Schmales Karoband
- Rest von Karostoff
- Bindedraht
- Pluster-Pen in Rot, Schwarz
- Vorstecher

Anleitung Seite 12

Kürbis mit Raben

Material

- Fotokarton in Weiß, Gelb, Grün, Schwarz
- Regenbogen-Karton
- Krepppapier in Orange, Rot
- Regenbogen-Krepppapier
- Naturbast in Orange
- Federn in Schwarz
- Bindedraht
- Wackelaugen, 18 mm Ø
- Rest von Karostoff in Rot-Weiß
- Buntstifte in Weiß, Rot, Braun
- Stricknadel
- Stopfnadel

Vorlage C

1 Kürbis, Mund, Hut und das Blüteninnere der Sonnenblumen nach der Vorlage aus weißem Fotokarton ausschneiden und der Abbildung entsprechend mit Krepppapier bekleben. Überstehendes Papier nachschneiden. Kürbisfurchen mit Buntstiften andeuten. Nase aus Krepp formen und aufkleben. Augen, Mund und Hut fixieren. Blumen und Blätter gestalten und ankleben.

2 Die Raben nach der Vorlage schneiden und ausgestalten. Für jedes Bein mit der Nadel ein Loch am Körper vorstechen. Ein 5 cm langes Drahtstück einziehen und das Ende zusammendrehen. Den Draht um eine Stricknadel wickeln, sodass eine Spirale entsteht. Fußformen zusammenkleben und das Drahtende einlegen.

Vogelscheuchen

Abbildung & Materialangaben Seite 18/19

1 Hemd, Jacke und Hose nach den Vorlagen aus gefaltetem Papier schneiden.

2 Jede Styroporkugel auf einen Zahnstocher stecken, färben und trocknen lassen. Das Gesicht aufmalen und Haare aus Bast aufkleben. Eine Mütze falten und fixieren.

3 Bast in Streifen schneiden, bündeln und zwischen Ärmel und Hosenbeine kleben. Bambusstab durch Hose, Hemd und Jacke führen. Den Kopf auf den Bambusstab stecken.

4 Jede Vogelscheuche mit Flicken, Raben, Knöpfen oder Baststreifen der Abbildung entsprechend ausgestalten.

Vogel-
scheuchen

Material

- Fotokarton in Gelb, Rot, Blau, Grün
- Bastelkarton „Streifen“, „Karos“
- Krepppapier in Gelb, Rot, Grün
- Tontöpfe, 5 cm und 7 cm Ø
- Styroporkugeln, 30 mm und 40 mm Ø
- Naturbast
- Bambusstäbe, etwa 6 mm und 8 mm Ø (müssen in die Löcher der Tontöpfe passen)
- Knopf, z. B. in Herzform
- Holzstreuteile „Rabe“
- Kleine Mäuse aus Holz
- Plakatfarbe in Hautfarbe
- Pinsel
- Zahnstocher

Vorlage D

Anleitung Seite 16

Teddy mit Laterne

Material

- Fotokarton in Weiß, Beige, Rot, Blau, Grasgrün, Mittelgrün, Hellbraun, Mittelbraun (teilweise genügen Reste)
- Rest von Bastelkarton „Karos“, „Streifen“
- Rest von Regenbogen-Transparentpapier mit Sternen
- Knöpfe, 6 mm Ø
- Bindedraht
- Baumwolltwist in Gelb
- Stopfnadel

Vorlage E

1 Alle Teile nach den Vorlagen übertragen und ausschneiden.

2 Schnauze auf den Kopf kleben und das Gesicht mit Filzstift zeichnen. Glanzpunkte mit Gelstift setzen.

3 Kopf, Hose und Arm an der Rückseite des Pullovers fixieren. Schal, Mütze, Flicken, Knöpfe, Hände und Füße anbringen. Pulloverränder mit Filzstift zeichnen. Mini-Teddy ausgestalten und anbringen. Teddy auf die Wiese kleben.

4 Den Boden der Laterne falten. Klebestege dünn mit Klebstoff bestreichen und das Transparentpapier um den Boden kleben. Schmalen Fotokartonstreifen als Rand einkleben.

5 Mit einer Nadel Löcher für den Bügel stechen. Bügel aus Draht formen, einhängen und mit Garn an den Stab knoten. Den Stab an der Hand des Teddybären fixieren.

Gespensterkette

Abbildung & Materialangaben Seite 22/23

1 Von Gespenst und Mittelteil Schablonen herstellen (siehe Seite 4). Deren Umrisse mit Filzstift auf Windradfolie übertragen, ausschneiden und falten.

2 Mittelteil in der Höhe des Halses zwischen beide Teile kleben. Schal aus Fotokarton anbringen. Lichter in die Öffnung des Mittelteils stecken.

Gespenster-kette

Material

- Windradfolie in Weiß
- Fotokartonreste in verschiedenen Farben
- Lichterkette

Vorlage F

Anleitung Seite 20

Fliegenpilz und Wichtel

Material

- Fotokarton in Weiß, Beige, Gelb, Rot, Blau, Grün, Braun
- Baumwolltwist in Rot
- Nähgarn in Blau
- Buntstift in Rot
- Nähnadel

Vorlage G

1 Alle Motivteile vom Vorlagebogen übertragen und ausschneiden.

2 Punkte auf den Pilzhut kleben und den Hut am Stängel festkleben. Mit Filzstift Lamellen zeichnen.

3 Bei den Wichteln jeweils die beiden deckungsgleichen Teile des Körpers, der Hände und der Füße zusammenkleben, dabei rotes Garn als Arme und Beine einlegen. Die Gesichter ausgestalten. Mützen aufsetzen und die Köpfe auf die Körper kleben. Mit Gelstift Adern auf die Blätter zeichnen und die Blätter der Abbildung entsprechend ankleben.

4 Die Wichtel mit Nähgarn am Pilz befestigen. Den Aufhängefaden am Scheitel des Pilzhutes einziehen.

Kleine Hexen

Abbildung & Materialangaben Seite 26/27

1 Alle Teile der Hexen nach den Vorlagen ausschneiden. Jeweils das Gesicht aufmalen und den Kopf auf das Kleid kleben. Haare, Hut, Strümpfe und Schuhe fixieren.

2 Für die Arme Löcher am Kleid einstechen. Draht befestigen und um einen dünnen Stift wickeln. Die Hände anbringen. Die Hexen auf die Besen setzen.

3 Drachen nach der Vorlage schneiden. Gesichter mit Filzstift zeichnen. Kleine Quadrate aus Krepppapier in einer Reihe mit einem ca. 25 cm langen Stück Draht abbinden und den Schwanz jeweils am Drachen befestigen.

Kleine Hexen

Material

- Fotokarton in Beige, Gelb, Orange, Blau, Grün, Schwarz
- Moonrock in Gelb, Rot, Blau, Grün, Schwarz
- Rest von gestreiftem Tonpapier
- Krepppapierreste
- Bindedraht
- Wollreste in Gelb
- Sticktwist in Gelb
- Buntstift in Rot
- Stopfnadel

Vorlage H

Anleitung Seite 24

Geisterstunde

Material

Fensterbild

- Fotokarton in Gelb
- Fotokarton in Schokobraun, Dunkelbraun
- Seidenraupen-Transparentpapier in Dunkelgelb
- Holografie-Folie
- Gruselkarton „Gespenster“
- Wackelaugen, 7 mm und 18 mm Ø
- Buntstift in Rot

Tischlaterne

- Fotokarton in Orange
- Bastelkarton mit Prägedekor in Rot
- Holografie-Folie
- Seidenraupen-Transparentpapier in Gelb
- Wackelaugen, 8 mm Ø
- Teelicht

Vorlage I

Die Motivteile des ***Fensterbildes*** vom Vorlagebogen übertragen und ausschneiden. Die Eule ausgestalten: Augenkreise, Wackelaugen und Schnabel anbringen. Den Ausschnitt mit Transparentpapier hinterkleben. Flügel und kleines Gespenst fixieren. Eule und einzelne Gespenster auf den Mond kleben. Wange des Mondes mit Filz- und Buntstift gestalten.

Den Motivstreifen und die Flügel der ***Tischlaterne „Eule“*** auf Bastelkarton übertragen und ausschneiden. Die Ausschnitte mit Transparentpapier hinterkleben. Augen und Schnabel anbringen. Faltlinien falzen, falten und an der Klebenaht zusammenkleben. Flügel und Gespenst fixieren.

Halloween

Abbildung & Materialangaben Seite 30/31

Für die ***großen Kürbisse*** die Styroporkugeln so anschneiden, dass sie eine Standfläche erhalten. Alle Styroporkugeln, auch die der ***kleinen Kürbisse***, in orangefarbenes Krepppapier wickeln und die Enden fest als Stiele zusammendrehen. Jeweils einen schmalen, grünen Krepppapierstreifen um den Stiel wickeln und mit Klebstoff fixieren. Gesichter mit Pluster-Pen auftragen, 6 Stunden trocknen lassen und mit dem Föhn aufplustern.

Die ***Gespenster*** vom Vorlagebogen auf Fotokarton übertragen und ausschneiden. Gesichter aufmalen. Damit das Gespenst auf dem großen Kürbis sitzen kann, die Styroporkugel mit dem Cutter vor dem Stielansatz einschneiden. Das Gespenst einkleben. Die Gespenster mit Kürbissen, Schlüsseln, Fledermäusen oder Katzen ausschmücken.

Halloween

Material

- Fotokarton in Weiß
- Krepppapier in Orange, Grün
- Gruselkarton „Katzen“, „Fledermäuse“
- Holografiefolie
- Styroporkugeln, 100 mm Ø, 40 mm Ø
- Bindedraht
- Silberkordel
- Pluster-Pen in Gelb

Vorlage J

Anleitung Seite 28

Impressum

ISBN 3-419-56553-4

Lektorat und Produktion:
Elke Fox, Freiburg

Styling und Fotos:
Christoph Schmotz, Freiburg

Layoutentwurf:
Network!, München

Coverrealisierung:
Carsten Schorn, Merzhausen

Druck:
Freiburger Graphische Betriebe

Wir sind für Sie da, wenn
Sie Fragen haben.
Und wir interessieren uns
für Ihre eigenen Ideen und
Anregungen.
Schreiben Sie uns, wir hören
gern von Ihnen!
Ihr Christophorus-Team

Christophorus-Verlag GmbH
Hermann-Herder-Str. 4
79104 Freiburg
Tel.: 0761/2717-0
Fax: 0761/2717-352
e-mail:
info@christophorus-verlag.de
www.christophorus-verlag.de

Weitere Titel aus dieser Reihe

3-419-56458-9

3-419-56388-4

3-419-56390-6

3-419-56230-3

3-419-56319-1

3-419-56226-8